사이언스 리더스

에어하트, 대서양 위를 날다!

캐롤라인 크로슨 길핀 지음 | 김미선 옮김

 비룡소

캐롤라인 크로스 길핀 지음 | 코네티컷 칼리지에서 영문학 학사 학위를, 템플 대학교에서 언론학 석사 학위를 받았다. 현재 신문사 교육 담당 편집자이자 프리랜서 작가, 글쓰기 교사이다. 미국 뉴욕주 스카스데일에서 세 자녀, 반려견 매기와 함께 살고 있다.

김미선 옮김 | 중앙대학교 사학과 졸업 후 미국 마켓 대학교에서 커뮤니케이션으로 석사 학위를 받았다. 현재 어린이·청소년 책 출판 기획 및 전문 번역가로 활동하고 있다. 옮긴 책으로 『딸에게 보내는 인문학 편지』, 『런던의 마지막 서점』, 『어쩌다 고고학자들』, 『기네스 세계 기록 2025』 등이 있다.

이 책은 퍼듀 대학교의 기록 보관소 책임자이자 기록 보관 및 특별 소장품 담당자인

새미 L. 모리스가 감수하였습니다.

내셔널지오그래픽 키즈 사이언스 리더스
LEVEL 1 에어하트, 대서양 위를 날다!

1판 1쇄 찍음 2025년 10월 20일 1판 1쇄 펴냄 2025년 11월 14일
지은이 캐롤라인 크로스 길핀 **옮긴이** 김미선 **펴낸이** 박상희 **편집장** 전지선 **편집** 임현희 **디자인** 천지연
펴낸곳 (주)비룡소 **출판등록** 1994.3.17.(제16-849호) **주소** 06027 서울시 강남구 도산대로1길 62 강남출판문화센터 4층
전화 02)515-2000 **팩스** 02)515-2007 **홈페이지** www.bir.co.kr **제품명** 어린이용 반양장 도서 **제조자명** (주)비룡소
제조국명 대한민국 **사용연령** 3세 이상 ISBN 978-89-491-6965-1 74400 ; ISBN 978-89-491-6900-2 74400 (세트)

사진 저작권 Cover: (portrait), George Rinhart, Corbis Premium Historical,/Getty Images; (Background), AP Images; 1, Bettmann/Getty Images; 2, The Granger Collection, NY; 4-5, Photo Researchers RM/Getty Images; 6 (UP), AP Images; 6 (LO), Washington Stock Photo/Alamy; 7, Bettmann/Getty Images; 8, Photograph by Leslie Jones, Courtesy of the Boston Public Library; 9, The Granger Collection, NY; 10-11, Private collection of Karsten Smedal, courtesy of Ames Historical Society; 11, Karnes Archives and Special Collections Research Center/Purdue University Libraries; 12 (UP), PhotoQuest/Getty Images; 12 (LO LE), Bonham's/Chris Balcombe/Shutterstock; 12 (LO RT), Lawrence Manning/Getty Images; 13 (UP), NoDerog/iStockphoto; 13 (CTR), Car Culture/Getty Images; 13 (LO), Fox Photos/Hulton Archive/Getty Images; 15, The Granger Collection, NY; 16, Corbis Premium Historical/Getty Images; 16 (INSET), AFP/AFP/Getty Images/Newscom; 17, Bettmann/Getty Images; 18, Orhan Cam/Shutterstock; 19 (UP), AP Images; 19 (LO), Pictures Inc./Time & Life Pictures/Getty Images; 20, Karnes Archives and Special Collections Research Center/Purdue University Libraries; 21 (LE), Bettmann/Getty Images; 21 (RT), ZUMA Wire Service/Alamy; 22-23 (Background), Konstantin L/Shutterstock; 22 (UP LE), Olyina/Shutterstock; 22 (UP RT), Victor Tyakht/Shutterstock; 22 (LO), AP Images; 23 (UP), Kumar Sriskandan/Alamy; 23 (LO LE), The Granger Collection, NY; 23 (LO RT), The Denver Post/Getty Images; 24-25, AP Images; 26, Ben Margot/AP Images; 26-27, EcOasis/Shutterstock; 27, AP Images; 28-29, EcOasis/Shutterstock; 29, Bettmann/Getty Images; 30 (LE), NACA/Wikimedia Commons, Public Domain; 30 (RT), AP Images; 31 (UP LE), Jami Garrison/Shutterstock; 31 (UP RT), Bettmann/Getty Images; 31 (LO LE), DEA Picture Library/De Agostini/Getty Images; 31 (LO RT), Neftali/Shutterstock; 32 (UP LE), Diane Miller/Photolibrary RM/Getty Images; 32 (UP RT), Bettmann/Getty Images; 32 (LO LE), Fox Photos/Hulton Archive/Getty Images; 32 (LO RT), AP Images

이 책의 차례

어밀리아 에어하트는 누구일까?

비행사 용어 풀이

교통수단: 사람이 이동하거나 짐을 옮기는 데 쓰는 탈것.

비행사: 비행기를 조종하는 사람.

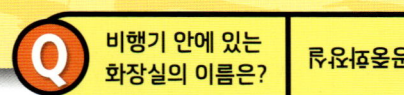

1920년대에 비행기는 새로운 **교통수단**이었어.
사람들은 주로 자동차나 배, 기차를 타고
다녔지. 하지만 어밀리아 에어하트는 하늘을
날고 싶어 했어.

에어하트는 처음으로 **비행사**가 된 여성 중
한 명이야. 전 세계에 이름을 알렸지. 그때
여성들은 결코 할 수 없었던 많은 일을 해냈어.

말괄량이 여자아이

어밀리아 에어하트가 태어난 집

어밀리아 메리
에어하트는
1897년
7월 24일에
태어났어.

어밀리아는 미국 캔자스주의 애치슨에서
자랐어. 뮤리얼이라는 여동생이 있었지.

자매는 축구를 하거나 낚시를 하며 놀았어.
책을 읽고 곤충을 잡기도 했지.

그때 여자아이들은 주로 긴 드레스를 입었어.
하지만 어밀리아의 어머니는 아이들에게
바지를 입혀 주었지. 그래서 자매는
남자아이들처럼 마음껏 뛰어놀 수 있었어.

**에어하트의
한마디**

"나는 여성도 남성 못지않은
용기가 있다고 믿는다."

어밀리아의 가족은 이사를 자주 했어.

그래서 학교도 많이 옮겨 다녀야 했지.

어밀리아는 친구들과 금방 친해졌어.

사람들을 즐겁게 하는 걸 좋아했거든.

어른이 된 어밀리아 에어하트는 간호사로

일했어. 나중에는 가난한 어린이를 돕는 곳에서

일했지. 아이들은 에어하트를 잘 따랐단다.

어밀리아 에어하트는 사람들을 돕는 일을 좋아했어.

간호사 옷을 입은 어밀리아 에어하트

비행사가 될 거야!

에어하트가 23세였을 때, 아버지를 따라 **에어쇼**에 가게 되었어. 그날 처음으로 잠깐 비행기를 타 보았지. 에어하트는 하늘을 나는 일에 푹 빠져 버렸어!

에어하트의 한마디
"땅을 벗어난 순간, 내가 날아야만 한다는 것을 알았다."

에어하트는 꼭 비행사가 되고 싶었어.

비행 수업을 받으려고 열심히 일해서 돈을

벌었지.

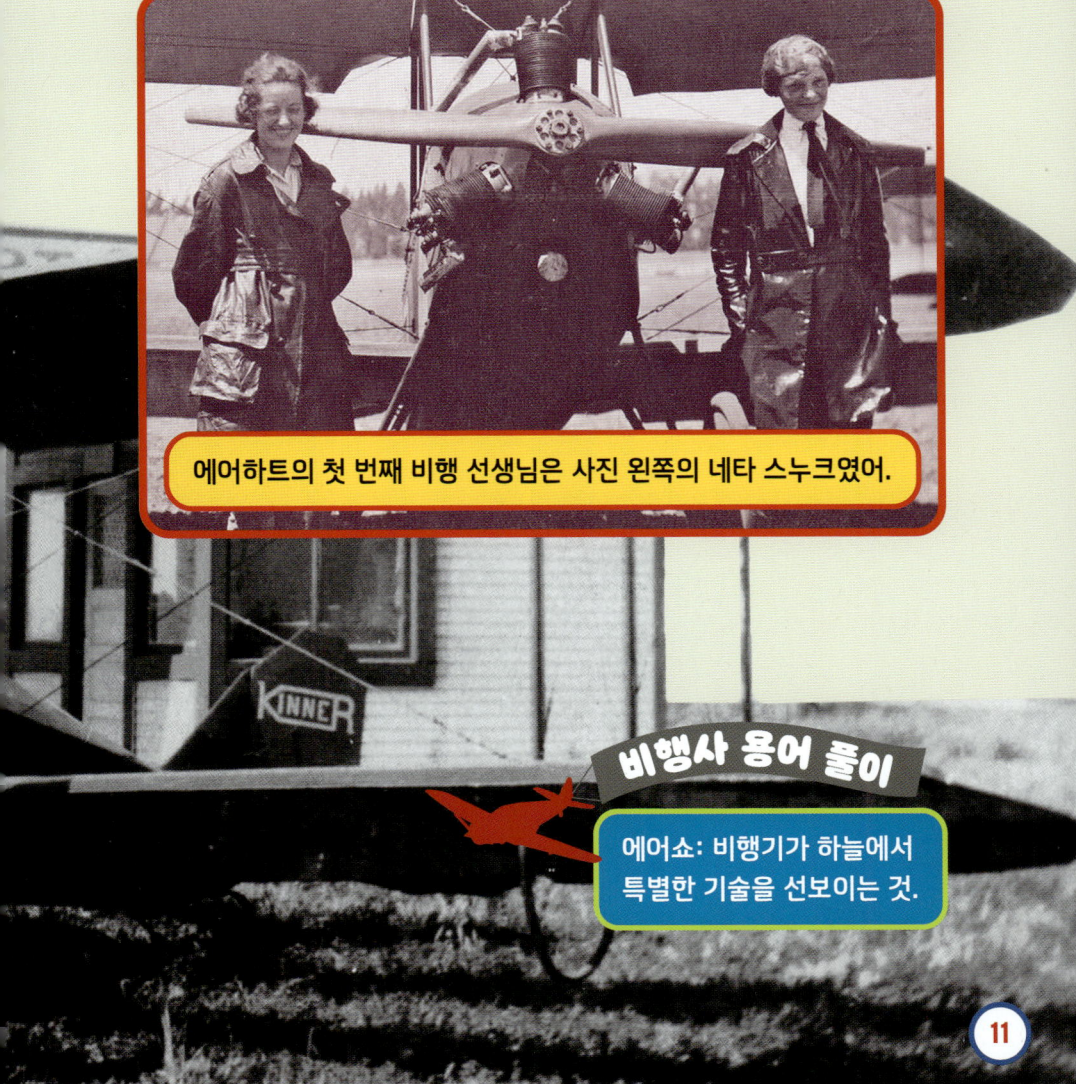

에어하트의 첫 번째 비행 선생님은 사진 왼쪽의 네타 스누크였어.

비행사 용어 풀이

에어쇼: 비행기가 하늘에서 특별한 기술을 선보이는 것.

에어하트가 살던 시대

에어하트가 살았던 미국의 1920~1930년대는 지금과 많이 달랐어.

일자리

사람들 대부분은 돈이 그리 많지 않았어. 일자리를 구하기가 몹시 힘들었거든.

돈

곰 인형의 값은 98센트쯤 됐어. 지금 우리나라 돈으로 1300원 정도야.

라디오

집마다 텔레비전이 없었어. 대부분 라디오로 방송을 들었지.

일곱 회사

부산 140원

150원

제주 140원

감사 감옥 방문

대전 120원

청주 100원

찬스 ?

놀이

사람들은 주로 보드게임을
하며 놀았어.

자동차

오늘날의 자동차보다 훨씬 느렸어.
먼 거리를 이동할 수도 없었지.

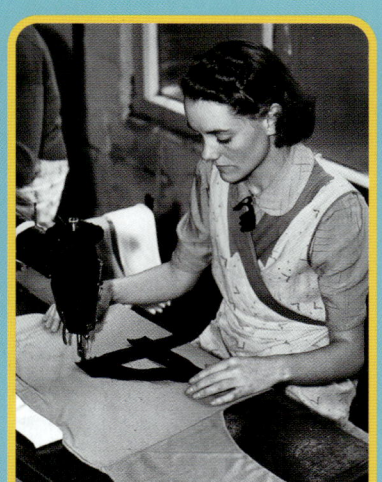

여성

남성보다 일자리를 구하기가
어려웠어. 어떤 사람들은
여성이 집안일만 해야 한다고
생각했지.

기록을 세우다!

에어하트는 늘 더 잘하려고 노력했어.
빠르게 비행했고, 높이높이 날았지.

에어하트는 처음으로 대서양을 건넌
여성 비행사가 되고 싶었어. 정말
위험한 일이었지. 많은 비행사가
대서양을 건너다가 목숨을 잃었어.

하지만 1932년, 에어하트는 멀고도
힘든 길을 떠났어. 그리고 성공했지!
오직 혼자 힘으로 대서양 위를
가로지른 거야!

에어하트의 한마디

"모험은 그 자체로 가치 있는 일이다."

에어하트, 슈퍼스타가 되다!

어밀리아 에어하트는
사람들에게 널리 알려졌어.
뛰어난 비행 실력 때문이기도
했지만, 여성 비행사라서
더 관심을 끌었지.

에어하트의 한마디
"여성도 남성들이 해 온
것처럼 도전해야 한다."

에어하트는 여자 대학생들에게
직업과 일에 대해 가르쳤어.

1930년대에는 **직업**을 가진 여성이 많지
않았어. 하지만 에어하트는 달랐지.
여성들에게 직업을 가질 수 있다고
말했어.

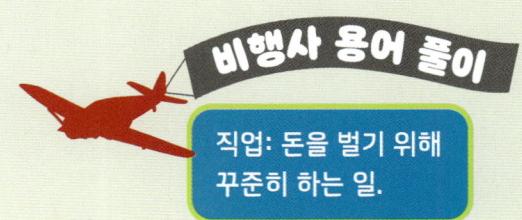

비행사 용어 풀이

직업: 돈을 벌기 위해
꾸준히 하는 일.

에어하트는 비행사로서 일했던 경험을
책으로 썼어. 온 나라를 돌며 **연설**도 했지.
1933년에는 **백악관**으로 초대를 받았어.

에어하트는 프랭클린 루스벨트 대통령의
아내인 엘리너 루스벨트와 친해졌어.
루스벨트 **영부인**을 비행기에 태워 함께
비행을 하기도 했지. 영부인은 자기도
비행사가 되면 좋겠다고 했어.

에어하트가 초대받아 갔던 백악관

에어하트와 엘리너
루스벨트는 여성도
남성과 같은 직업을
가질 수 있다고 생각했어.

비행사 용어 풀이

연설: 여러 사람 앞에서 자기 생각을 말하는 것.
백악관: 미국 대통령이 생활하며 일하는 곳.
영부인: 다른 사람의 아내를 높여 부르는 말.

용기를 주는 미국의 영웅

에어하트는 비행사로서 수많은 상과 **훈장**을 받았어. 대학생들에게 비행에 대해 알려 주었지. 누구나 에어하트처럼 되고 싶어 했어.

비행사 용어 풀이

훈장: 나라에 훌륭한 일을 한 사람에게 상으로 주는 배지.

에어하트가 퍼듀 대학교에서 학생들에게 자신의 비행 경험을 들려주고 있어.

에어하트는 새로운 일에 도전하기를
두려워하지 않았어. 포기하는 법도 없었지.
어밀리아 에어하트는 미국의 영웅이었어!

에어하트는 낙하산을
타고 안전하게 내려올
수 있는지 시험하는 데
도움을 주었어.

미국에서 뛰어난 비행사에게
주는 공군 수훈 십자 훈장이야.
에어하트는 처음으로
이 훈장을 받은 여성이란다!

6 에어하트에 관한 가지 깜짝 지식

1

에어하트는 비행기를 조종하면서
뜨거운 코코아차를 마시고
오렌지를 먹었어.

2

영어로 비행사를 뜻하는
에이비에이터(Aviator)는 먼 옛날
새를 가리키던 말인
아비스(Avis)에서 따온 거야.

3

에어하트는 1931년에 조지 퍼트넘과 결혼했어.
책을 만드는 사람이었지. 그는 에어하트가
꿈을 이루도록 도와주었어.

4

에어하트의 비행기 가운데 한 대가 미국 워싱턴의
스미스소니언 국립 항공 우주 박물관에
전시되어 있어.

5

에어하트는 여성 비행사들이 만든 단체인
나인티 나인스(Ninety-Nines)의
첫 번째 회장이었어.

6

미국에는 에어하트의 모습이 담긴
우표가 있어. 1963년에
처음 만들어졌지.

전 세계 하늘을 누비다!

에어하트는 늘 비행으로 **세계 일주**를 하길 꿈꿨어. 이 여행을 하기 위해 더 크고 빠른 비행기를 구했지.

에어하트는 프레드 누난과 함께 떠났어. 누난은 하늘에서 길을 찾는 **항법사**였지. 에어하트가 비행기를 조종하는 동안 누난은 길을 찾아 주었어.

비행사 용어 풀이

세계 일주: 전 세계를 한 바퀴 도는 것.
항법사: 지도를 보며 비행기의 길을 찾아 알려 주는 전문가.

에어하트의 한마디

"비행이 언제나 생각대로 되진 않지만,
그 즐거움만으로 충분히 가치가 있다."

마지막 비행

에어하트와 누난은 한 달 동안 하늘을 날았어. 두 사람은 사막과 산 위를 가로질렀지. 하지만 얼마 지나지 않아 어려움이 닥쳤어. 드넓은 태평양을 건너야만 했거든.

에어하트가 세계 일주를 할 때 탔던 비행기와 같은 '록히드 엘렉트라 10E' 모델이야.

1897년
7월 24일, 미국 캔자스주의 애치슨에서 태어나다.

1916년
고등학교를 졸업하다.

1918년
적십자회에서 간호사로 일하다.

에어하트의 비행기 조종석

태평양을 무사히 건너려면 중간에 있는 섬에 들러 기름을 채워야 했어. 그런데 이 섬은 너무 작아서 하늘에서 찾아가기가 힘든 곳이었지. 하지만 용감한 에어하트는 1937년 7월 2일, 계획대로 이 섬을 향해 날아갔어.

1921년
네타 스누크에게 비행을 배우다. 첫 번째 비행기를 구입하다.

1922년
약 4.2킬로미터 높이로 비행하는 기록을 세우다.

1926년
미국 보스턴에 있는 아동 돌봄 기관에서 일하다.

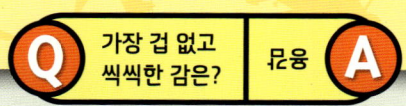
그런데 갑자기 에어하트가 모는 비행기의
통신이 끊겼어! 그 뒤로 무슨 일이
벌어졌는지 아무도 알지 못해. 많은 사람들은
비행기의 기름이 바닥나서 비행기가
어딘가로 떨어졌을 거라고 짐작하고 있어.
에어하트는 영영 찾을 수 없었지.

어밀리아 에어하트는 위대한 비행사였어.
다른 이들에게 용감하게 사는 법을 가르쳐
주었지. 에어하트는 전 세계 사람들에게
사랑받았단다.

1930년
시속 약 291킬로미터로
비행하는 기록을 세우다.

1931년
출판을 하는 조지
퍼트넘과 결혼하다.

1932년
홀로 대서양을 건너
영국의 북아일랜드까지
비행하다.

에어하트의 마지막 비행

에어하트가 비행한 길
잠시 들른 곳
들른 곳이 모두 표시된 것은 아님.

아시아

유럽

파키스탄

서아프리카   아프리카
에티오피아   태국   뉴기니

오스트레일리아

출발
북아메리카
캘리포니아   플로리다

브라질

남아메리카

에어하트는
태평양에서 사라졌어.

1936년
퍼듀 대학교에서 록히드
엘렉트라 10E 비행기
살 돈을 지원받다.

1937년
세계 일주 비행에
나서다.
7월 2일, 사라지다.

2012년
에어하트의 비행기를
찾아 나섰지만
발견하지 못하다.

사진 속에 있는 건 무엇?

어밀리아 에어하트가 살았던 시대의 물건 한 부분을 아주 가까이에서 찍은 사진이야. 사진 아래 힌트를 읽고, 오른쪽 위의 '단어 상자'에서 알맞은 답을 골라 봐. 정답은 31쪽 아래에 있어!

1

힌트: 하늘을 날아다니는 탈것.

2

힌트: 머리를 보호하기 위해 쓰는 모자.

단어 상자

우표, 지도, 훈장, 비행기, 고글, 헬멧

3

힌트: 먼지나 강한 빛으로부터
눈을 보호해 주는 안경.

4

힌트: 나라에 훌륭한 일을 한
사람에게 상으로 주는 배지.

5

힌트: 길을 찾을 때 펼쳐서 보는 종이.

6

힌트: 편지를 부치는 값을 치르고
봉투에 붙이는 작은 종이.

교통수단
사람이 이동하거나 짐을 옮기는 데
쓰는 탈것.

비행사
비행기를 조종하는 사람.

직업
돈을 벌기 위해 꾸준히 하는 일.

항법사
지도를 보며 비행기의 길을
찾아 알려 주는 전문가.